39	教师本领大	53	46 盘中能放什么	61
40	小转椅	54		
41	这里有什么	55	编写说明	62
42	它们叫什么	57	教学提示	64
43	这是什么	58	附录Ⅰ 发音器官图	80
44	看图连线并说话	59	附录Ⅱ 汉语手指字母图	81
45	看图连线并说话	60		

1 j

jī jí jǐ jì
jū jú jǔ jù
jiā jiá jiǎ jià

jú   wán jù   jià

dà jī xiǎo jī zuò yóu xì   gōng jī wō wō jiào
大鸡小鸡做游戏   公鸡喔喔叫。

xiǎo hóu dàng qiū qiān
小 猴 荡 秋 千。
xiǎo hóu hē qì shuǐ
小 猴 喝 汽 水。

xióng māo xǐ zǎo
熊猫洗澡。

dà xiàng xǐ zǎo
大象洗澡。

4 g

gē　gé　gě　gè
gū　gú　gǔ　gù
guō　guó　guǒ　guò

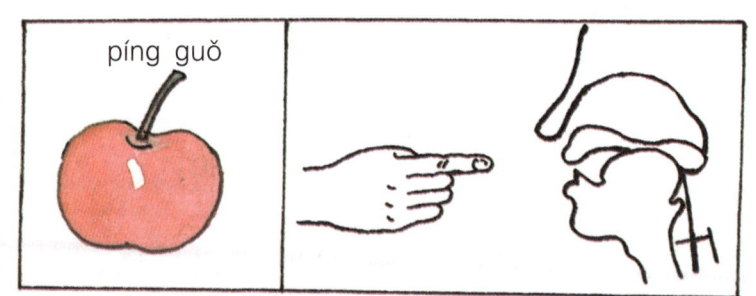
píng guǒ

gǔ

gē zi

dì di chī píng guǒ
弟弟吃苹果。

xiǎo gǒu qiāo gǔ
小 狗 敲 鼓。

xiǎo tù tiào wǔ
小 兔 跳 舞。

dà xiàng tuó guā guǒ
大 象 驮 瓜 果。

5 k

kā ká kǎ kà
kū kú kǔ kù
kē ké kě kè

小朋友开车。

6 ei

ēi éi ěi èi
fēi féi fěi fèi
bēi béi běi bèi

fēi jī huì fēi
飞机会飞。
yàn zi huì fēi
燕子会飞。
niǎo huì fēi
鸟会飞。

hú dié huì fēi
蝴 蝶 会 飞。

qīng tíng huì fēi
蜻 蜓 会 飞。

7 ie

shù yè
树 叶

iē ié iě iè

yē yé yě yè

xiē xié xiě xiè

yé ye sǎo shù yè
爷 爷 扫 树 叶。

bù xié
布 鞋

pí xié
皮 鞋

Fēi fei chuān xié
菲 菲 穿 鞋。

qiú xié
球 鞋

8 üe

yuè liang
月 亮

üē üé üě üè
yuē yué yuě yuè

yuè liang yǒu shí yuán
月 亮 有 时 圆。

月亮有时弯。

9 ui

uī uí uǐ uì
tuī tuí tuǐ tuì
duī duí duǐ duì

gōng rén shū shu tuī chē
工 人 叔 叔 推 车。

jiě jie tuī chē
姐 姐 推 车。

wǒ men pái duì
我们排队。

xiǎo péng yǒu duī xuě rén
小朋友堆雪人。

10 iao

jiāo　jiáo　jiǎo　jiào
tiāo　tiáo　tiǎo　tiào
diāo　diáo　diǎo　diào

xiǎo yáng jiào　miē miē miē
小 羊 叫，咩 咩 咩。

xiǎo gǒu jiào　wāng wāng wāng
小 狗 叫，汪 汪 汪。

11 iu

iū iú iǔ iù

qiū qiú qiǔ qiù

niū niú niǔ niù

Xiǎo dōng tī zú qiú
小 冬 踢 足 球。

12 我爱国旗
wǒ ài guó qí

zhè shì guó qí
这是国旗。
wǒ ài guó qí
我爱国旗。

13 这是什么 怎样叫

zhè shì shén me　　zěn yàng jiào

这是公鸡。公鸡喔喔叫。

这是小狗。小狗汪汪叫。

这是小猫。小猫喵喵叫。

这是小羊。小羊咩咩叫。

这是青蛙。青蛙呱呱叫。

这是小鸡。
小鸡叽叽叫。

14 这是什么 发出什么声

这是飞机。飞机嗡嗡嗡。

这是火车。

火车呜呜呜。

我听到火车呜呜呜。

这是汽车。汽车嘀嘀嘀。

15 衣服 yī fu

bèi xīn
背心

dì di chuān bèi xīn
弟弟穿背心

máo yī
毛衣

kù zi
裤子

mián ǎo
棉袄

guān shuǐ lóng tóu

17 关 水 龙 头

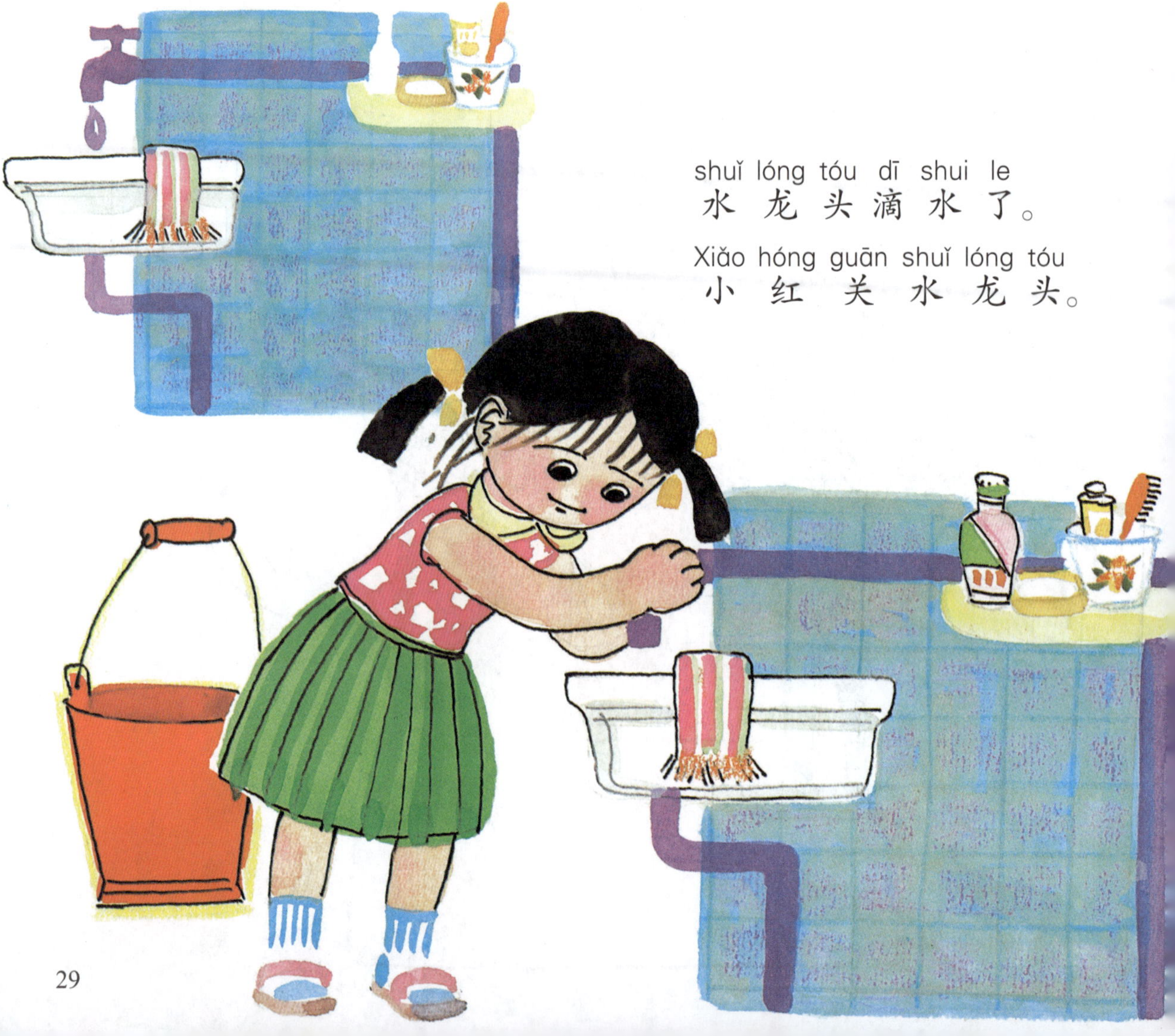

shuǐ lóng tóu dī shui le
水 龙 头 滴 水 了。

Xiǎo hóng guān shuǐ lóng tóu
小 红 关 水 龙 头。

18 国庆节

十月一日是国庆节。
唱歌跳舞挂国旗。

19 捉迷藏

huā māo zài wū li
花猫在屋里。

bái tù zài wū wài
白兔在屋外。

hóu zi zài shù hòu
猴子在树后。

qīng wā zài shù qián
青蛙在树前。

20 夏天

夏天来了,天气热了。

哥哥姐姐游泳。

21 我自己做

我自己吃饭。

我自己洗脸。

我自己漱口。

我自己洗手帕。

我自己系鞋带。

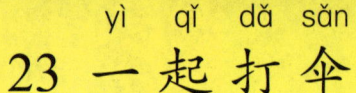

23 一起打伞

xià yǔ le　Dōng dong méi yǒu yǔ sǎn
下雨了，冬冬没有雨伞，
　　　　　Xiǎo liàng kàn jiàn le Dōng dong
　　　　　小亮看见了冬冬

Xiǎo liàng pǎo guò lai
小亮跑过来，
Xiǎo liàng hé Dōng dong
小亮和冬冬
yì qǐ dǎ sǎn
一起打伞。

24 一起玩

冬冬在拍皮球。

芳芳说:"我们一起玩,好吗?"

冬冬说:"好吧!"

他们一起玩皮球。

25 他们在干什么

小朋友在跑步。

小朋友在跳远。

小朋友在跳高。

小朋友在下棋。

26 不要摘花

春天来了,公园里的花开了。
小弟弟要摘花,
姐姐说:"不要摘。"

27 分苹果

玲玲分苹果。

玲玲把苹果给妈妈。

玲玲把大苹果给爷爷吃。

玲玲吃小苹果。

28 一条围巾

早上小明去幼儿园。

看见地上有一条围巾。

小明捡起围巾。

小明把围巾交给老师。

老师表扬了他。

29 搭积木

冬冬把积木给红红。
红红说:"谢谢。"
冬冬说:"不用谢。"

冬冬搭房子。红红搭桥。
红红搭桥少了一块积木。

30 去动物园

我和妈妈去动物园。
大象玩球。
熊猫吃竹叶。
小猴摇铃。
动物园里真好玩。

31 不掉饭粒

小海吃饭。
饭粒掉在地上,
饭粒粘在嘴上。
小鸡吃饭粒,
小鸟也吃饭粒。

Xiǎo hǎi bú diào fàn lì le
小海不掉饭粒了。

32 运动会

小动物在树林里。
熊猫是裁判。
小兔、小鹿、小狗一〔……〕
熊猫说:"一二——"
小鹿得了第一名。

kāi yùn dòng huì
开运动会。

yī qǐ sài pǎo
一起赛跑。

pǎo tā men fēi kuài de pǎo
跑!"他们飞快地跑。

33 我的家

我叫刘毛毛,今年六岁了。
我住在新华街五号,
我的爸爸叫刘云,
是工人。
我的妈妈
叫王兰,
是老师。

34 扶起来

小华摔倒了。

小亮向小华跑去。

小亮扶起小华。

小华说:"谢谢。"

小亮说:"不用谢。"

35 小猫在哪里

小猫在床上。小猫在床底下。
小猫在椅子下。小猫在篮子里。
小猫在抽屉里。

36 做早操

太阳咪咪笑,
我们起得早。
起得早,做早操。
天天做操身体好。

xǐ liǎn xǐ shǒu

37 洗脸洗手

xiǎo zāng liǎn xiǎo zāng shǒu
小 脏 脸，小 脏 手，

zhào zhào jìng zi zhòu méi tóu
照 照 镜 子 皱 眉 头。

jìng lǐ yàng zi shí zài chǒu
镜 里 样 子 实 在 丑，

gǎn kuài xǐ liǎn hé xǐ shǒu
赶 快 洗 脸 和 洗 手。

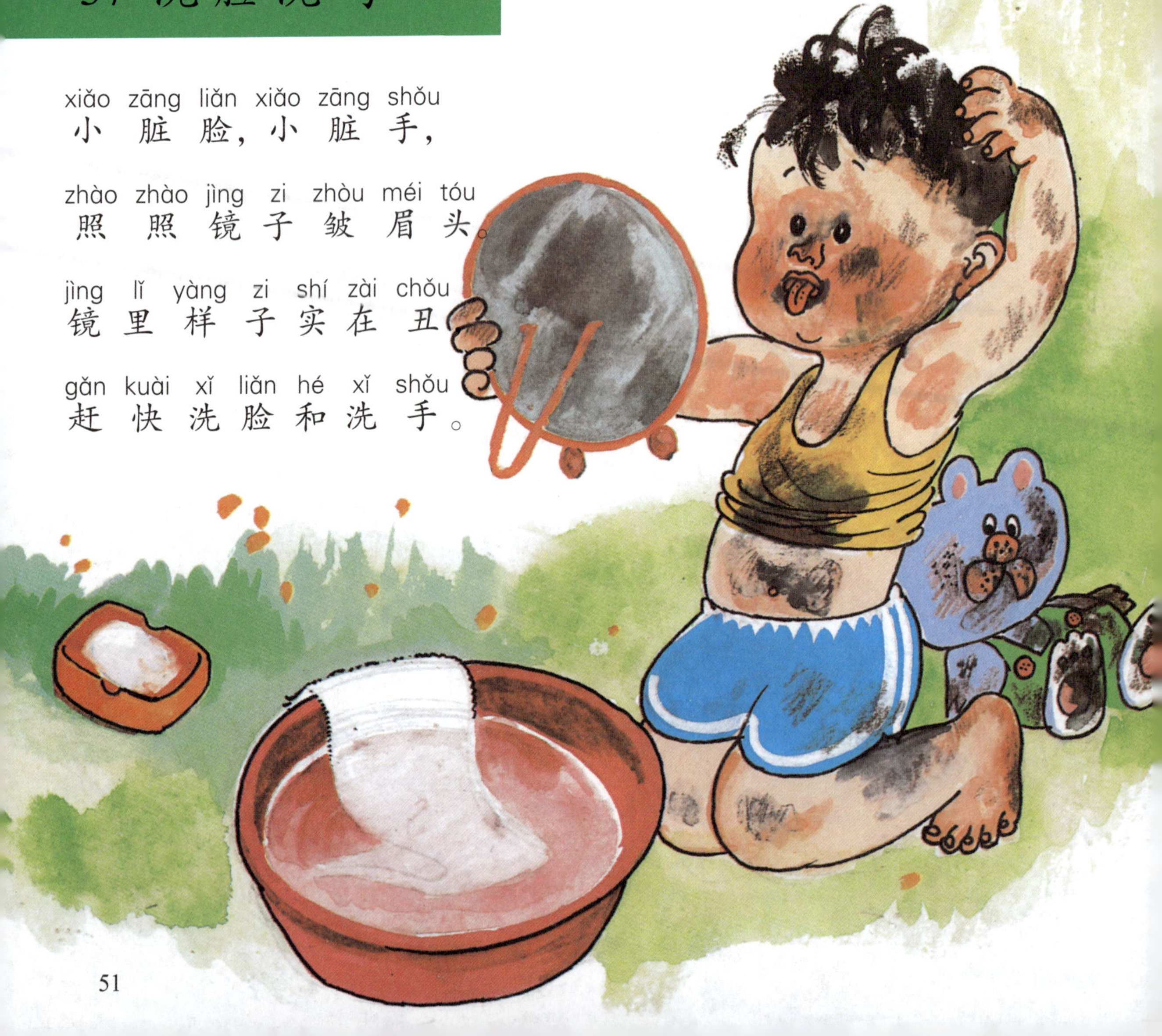

38 扫树叶

秋天到,天气凉,
菊花开,树叶黄。
片片树叶落地上,
小朋友们扫叶忙。

39 老师本领大

老师本领大,
样样都会画,
画只鸭子嘎嘎嘎,
画个娃娃哈哈哈。

40 小转椅

小转椅圆又圆,
小朋友们坐上边,
椅儿转得快又快,
转了一圈又一圈。

41 这里有什么

42 它们叫什么

43 这是什么

44 看图连线并说话

红绿灯　飞机

羊在吃草　金鱼在游

兔在跳　汽车开了

星星　马在跑

45 看图连线并说话

46 盘中能放什么

编　写　说　明

听力残疾（包括聋和重听）幼儿（以下简称聋幼儿）是我国幼儿的一部分，约有70万人。他们像正常幼儿一样，也是我们国家的未来。聋幼儿的康复工作是我国残疾人康复事业的一个重要组成部分。国务院颁布的《中国残疾人事业五年工作纲要（1988—1992）》明确提出了"对三万名聋儿进行听力语言训练"的"紧迫任务"，要求编写听力语言训练大纲和教材，以便多种形式地开展此项工作。

由于听力残疾，聋幼儿在言语形成的关键时期不能通过自然的途径学会说话，难于掌握人类社会中交往和思维的工具——语言。只有通过系统、科学的语言训练才可能使聋幼儿逐步理解和初步掌握有声语言。

全国三项康复工作办公室为适应聋幼儿语言训练的需要，组织有关同志编写了这套聋幼儿语言训练教材《学说话》。编写的指导思想是：根据我国的教育方针和国家规定的幼儿教育任务，结合聋幼儿特点，使他们体、智、德、美全面发展，补偿缺陷，在交往过程中适时地使聋幼儿的言语能力初步形成和发展，为进入学校打下语言基础。编写中注意到遵循思想性、科学性、补偿性、可接受性、渐进性、实用性等原则，吸取了国内外聋幼儿语训经验，努力使教材适合我国当前聋儿语训的实际。

这套教材专门为3～7周岁的聋幼儿学习和发展有声语言而编写。原则上每年使用一册。每册教材包括训练说话的内容40课和一定数量的练习课，均以"交往"为中心，将语音、词、句、看话、指语等训练和练习的内容有机结合而成。教材后有编写说明和对每课的教学提示，指出每课的训练重点、难点以及教法建议。第一、二册在训练课前安排了准备课内容。

在使用本教材时请注意：

（1）应根据聋幼儿的听力、智力、语言（特别是发音）的实际水平、年龄特点等具体情况，灵活安排教学训练的进度和采取不同的训练方法，把班组教学和个别辅导结合起来。

（2）语言训练形式要符合幼儿心理发展特点，主要应在游戏活动中进行，以激发聋幼儿学说话的兴趣。

（3）语言训练要和听觉训练有机结合起来。

（4）教学要有法而无定法。训练者可根据实际情况参考教学提示，发挥自己的主观能动性。教材的顺序可按具体情况适当调整，也可对教材内容作必要的增减。

（5）要充分发挥家庭的作用。可通过各种方式与家长建立密切的联系，共同对聋幼儿进行语言训练和教育。

（6）训练者应对全套教材的结构和系统性有所了解，知道每课的基本内容和要求，以便在训练过程中做好课与课、册与册之间的相互衔接。

这套教材的主编是朴永馨（北京师范大学特教研究中心）；助手是黎明和马岭梅（中国聋儿康复研究中心）；第一册编者为万选蓉（中国聋儿康复研究中心）；第二册编者为吴立平（北京第一聋哑学校）；第三册编者为蓝荫凤（天津市聋哑学校）；第四册编者为林涵瑾（北京第二聋哑学校）。

广州市聋哑学校简栋梁和南京特殊教育师范学校沈玉林同志也参加了这项工作。在教材编写过程中，得到了各地多位聋教育、医学、听力学、语言学等方面专家的热诚帮助，其中部分专家还参加了手稿的审定工作。几位热心的美术工作者为绘制插图付出了辛勤的劳动。华夏出版社为按时出版尽了最大的努力。对他们表示衷心感谢。

由于时间紧迫和编写水平有限，教材难免存在错误与不足之处，需在今后不断地修改完善。敬请聋儿康复教师、聋幼儿的家长和有关人士在试用中提出宝贵的意见。

编者
1990年6月

教　学　提　示

经过两年的语言、听力训练，5～6岁的聋幼儿已初步奠定了发展口语交往技能的基础。他们学习过汉语普通话中20个以上的声、韵母及其相应音节，掌握了400个左右的汉语词汇及简单句式，还能认读少量汉字。此时，尽管聋幼儿所使用的句子大多是模仿的，发音也远不准确，但他们已开始能够使用指语等非口语交往方式配合来表达自己的意愿，进行简单对话。然而，与听力正常的同龄儿相比，他们的听说能力还远远不足，需不断温故知新，在口语交往过程中进一步提高，这正是编写本册教材的根本目的。

受训两年以后，5～6岁聋幼儿已逐渐习惯于语言教学活动。因此，本册教材没有像前两册教材那样安排准备课，仅有训练课及练习课两大部分。

训练课部分是本册教材的重点，共设置了40个单元的教学课程。前8课以语音教学为主，内容丰富、形式活泼，并非一般概念上的看图学发音。这一点希望教师和家长在教学过程中充分注意。后29课以培养聋幼儿口语交往技能为主，训练者要尽力引导聋幼儿主动灵活地应用教材内容，使之在口语交往过程中，逐步加深理解、正确掌握。

练习课部分集中安排于训练课之后，既包含了复习内容，又包含了选学内容；教师和家长可根据受训聋幼儿的具体情况灵活采用。

教材后有编写说明和对每课的教学要求与提示。

通过本册教材的教学，力求使受训聋幼儿：

1. 学会充分地利用自己的残余听力，看话能力也有明显的提高。

2. 能够乐于使用完整的简单语句与他人交谈，逐步减少交往中使用手势的比例。

3. 较清楚地发出单韵母 a、o、e、i、u、

ü；学习声母 j、q、x、g、k；复韵母 ei、ie、ue、ui、iao、iu 及第二、第三两个声调。学会汉语拼音的拼读方法，认读简单音节。

4. 掌握300个左右新词，仍以常用名词、动词、形容词为主，同时学习并掌握数词（"5"、"6"、"7"、"第一"、"第二"、"第三"），及学习和开始接触量词（"个"、"条"等）和其他类词。

5. 本册出现训练用的句子约150个，请结合口语交往活动，学习并逐步掌握超过5个字的句子，及句子成份稍复杂的简单句式，其中包括"把"字句。

6. 学习并背诵4-5首儿歌。

7. 在理解简单故事内容的基础上，能借助问答形式叙讲出主要人物和情节。

8. 掌握本册教材中所学声母和韵母的指式。

在本册教材的教授过程中，教师和家长应同时对聋幼儿进行思想品德教育，注意培养他们良好的习惯，促使其身心全面健康地发展。

1　j

要求

（1）初步掌握 j 的发音、口形、指式以及相拼的音节，结合音节学四声。

（2）学说词语（公鸡、喔喔叫、做游戏、小猴、举旗、叫叽叽）及句子。

（3）认读：公鸡、旗。

提示

（1）语言基本技能的训练包括如下内容。

呼吸练习：深吸气、呼气。

舌体操：①伸缩运动—舌尖略前，反复吐出、缩进（上下唇要与舌头碰在一起，不要把嘴张大）；②左右运动—舌尖向左、右摆动（嘴不要张大）；③上下运动—舌尖抵向上齿（嘴张开）。

唱音练习：反复练习长音 la—la—，短音 la、la、la。

拟音练习：小鸡叫与火车汽笛声。

（2）结合课文画面，引导聋幼儿整体读出音节："鸡"、"举"。进而，教 j 的发音。j 音是舌面音，是不送气的清塞擦音。发音时声带不颤动，舌面前部向上抬起贴位硬腭前部，闭住气流从窄缝中挤出。如果 j 音发不准，可让聋幼儿食指弯曲成钩状，平贴在教师下唇与下颏中间，体会发音时振动的感觉，同时模仿发音口形与舌位从音素的角度学发 j 音，j 音有声无气。同时教指式。

（3）通过游戏的方式，引导聋幼儿说出

"大鸡小鸡做游戏。"等课文中的4句话。

（4）教学过程中，注意聋幼儿残余听力的利用。学读四声。

2　q

要求

（1）初步掌握q的发音、口形、指式及与q相拼的音节，结合音节学四声。

（2）学说词语（小熊、拿气球、妈妈、过桥、荡秋千、喝汽水）及句子。

（3）认读：拿、气球、妈妈、桥、秋千、喝汽水。

提示

（1）语言基本技能的训练包括如下内容。

呼吸练习：深吸气、呼气。

舌体操：①—③及④节抵齿运动—舌尖用力抵上下齿，然后向里缩，缩了再抵（上下齿只露出一条齿缝）。

唱音练习：反复学数1—7。

拟声练习：模仿给自行车打气的声音。

（2）结合课文画面，引导聋幼儿，整体读出音节："旗"、"气球"、"桥"、"秋千"。进而，教q的发音。q音与j音相同，但q音有气无声发出的气流猛而短，可观察纸片在嘴边的颤动。同时教指式。

（3）结合课文中的画面，引导聋幼儿说出课文中的4句话。

（4）在教学过程中，注意充分利用聋幼儿的残余听力。学读四声。

3　x

要求

（1）初步掌握x的发音、口形、指式以及与x音相拼的音节，结合音节学四声。

（2）学说词语（兔子、吃西瓜、小熊抱）。

（3）认读："吃西瓜"、"抱"、"小兔"、"洗澡"。

提示

（1）语言基本技能的训练包括如下内容。

呼吸练习：吹纸片。

舌体操：①—④节。

唱音练习：反复练习长音4—4—，短音4、4、4。

拟声练习：模仿小猫叫、小鸡叫。

（2）结合课文画面，引导聋幼儿整体读出音节："虾"、"西瓜"、"象"、"线"。进而，教x的发音。x音舌尖下垂，舌面上升靠硬口盖（不要贴住）留一窄缝，气息挤出来，发出x音。q、x两音，聋幼儿学后，容易混淆，x音的气流细而长。可让聋幼儿用手背或纸条，放在嘴前感触气流及颤动,可感觉 q、x 两音气流的不同,发出的声音也就不同。

(3)结合课文中的画面,引导聋幼儿说出课文中的 4 句话。

(4)教学过程中,注意充分利用聋幼儿的残余听力。

4　g

要求

(1)初步掌握 g 的发音、口形、指式以及与 g 相拼的音节,结合音节读四声。

(2)学说词语(弟弟、苹果、小狗、敲、跳舞、大象、驮、瓜果)及 4 句话。

(3)认读:"弟弟"、"苹果"、"小狗"、"大象"。

提示

(1)语言基本技能的训练包括如下内容。

呼吸练习:深吸气、呼气。

舌体操:①—④节及第⑤抵腭运动—舌尖抵上腭,发出"嗒、嗒、嗒"的马蹄声。

唱音练习:反复练习长音 da—da—,短音 da、da、da。

拟声练习:模仿小鸭子的叫声。

(2)结合课文中的画面,引导聋幼儿整体读出音节:"鼓"、"苹果"、"鸽子"。进而教 g 音的发音。g 音是舌根音,不送气清塞音。发音时,声带不颤动,舌根抬起抵住软腭,塞住气流,然后突然打开,气流出来,有爆发的色彩。g 音有声无气。聋幼儿不易读准,当发不准时,用压舌板,压住舌尖,读 d 音,发出 g 音。同时学指式。

(3)结合课文中的画面,引导聋幼儿说出课文中的 4 句话。

(4)在教学过程中,注意充分利用聋幼儿的残余听力。学读四声。

5　k

要求

(1)初步掌握 k 的发音、口形、指式以及与 k 相拼的音节,结合音节学四声。

(2)学说词语(小朋友、开车、看、蝌蚪)及 2 句话。

(3)认读:"开车"、"看"、"蝌蚪"。

提示

(1)语言基本技能的训练包括如下内容。

呼吸练习:吹口哨(吹长声、短声)。

舌体操:第⑥节抖动运动—嘴张开,舌前部在口腔内迅速地前后移动。第⑦节转动运动—张嘴,舌尖沿上下唇舔一圈。舌体操要天天做,以求能够自我控制舌位,灵活运转舌头。

唱音练习：反复练习长音 ge—ge—，短音 ge、ge、ge。

拟声练习：学小鸭的叫声。

（2）结合课文中的画面，引导聋幼儿整体读出音节："卡车"、"哭"、"裤子"。进而，教 k 音的发音。k 的发音部位与 g 音相同。k 音有气无声，聋幼儿发不准时，用手背放在嘴前，有气流的感觉。

（3）结合演示动作，理解"看"的词义并学说话。

（4）借助课文中的画面，玩开车的游戏。并学说话。

6　ei

要求

（1）初步掌握复韵母 ei 的发音、口形、指式以及与 ei 相拼的音节，结合音节学发四声。

（2）学说词语（飞、鸟、燕子、蜻蜓、蝴蝶）及 5 句话。

（3）认读：飞。

提示

（1）语言基本技能的训练包括如下内容。

呼吸练习：吹纸蛙。

舌体操：①—⑤节。

唱音练习：反复练习长音 ao—ao—，短音 ao、ao、ao。

拟声练习：学小猫叫。

（2）结合课文中的画面，引导聋幼儿整体读出音节："飞"。进而，教 ei 的发音。ei 是复韵母发音时，从 e 的舌位开始，向 i 的舌位移动。e 音清晰响亮，i 音轻短含混。

在教 ei 音时，注意不要使聋幼儿将 ei 音说成 e、i 两个单韵母。

（3）演示动作，引导聋幼儿理解"飞"的词义。

（4）引导聋幼儿，仿照课文中"什么会飞"的句式说话。

（5）在教学过程中，要充分利用聋幼儿的残余听力。

7　ie

要求

（1）初步掌握复韵母 ie 的发音、口形、指式以及与 ie 相拼的音节，结合音节学发四声。

（2）学说词语（爷爷、扫树叶、布鞋、皮鞋、球鞋、穿鞋）及 2 句话。

（3）认读："爷爷"、"扫"。

提示

（1）语言基本技能的训练包括如下内容。

呼吸练习：吹纸片，由近到远。

唱音练习：la、la、la、la，快慢交替进行。

舌体操：②—⑥节。

拟声练习：学小鸡叫。

（2）结合课文中的画面，引导聋幼儿整体读出音节："叶"、"鞋"。进而，教 ie 的发音。ie 是复韵母，发 ie 音时，先是发出轻短的 i 音，接着舌位逐渐降到半低，发出响而长的 ie 音。

在教 ie 音时，注意不要使聋幼儿将 ie 音说成 i、e 两个单韵母。

（3）借助实物，教会聋幼儿说布鞋、皮鞋、球鞋。

（4）演示动作，帮助聋幼儿理解"穿"和"扫"的词义，说出课文中的句子。

（5）引导聋幼儿用"穿"说话。

8　üe

要求

（1）初步掌握复韵母 üe 的发音、口形、指式及与 üe 相拼的音节.

（2）学说词语（月亮、有时、圆、弯）及2句话。

（3）认读："月亮"、"圆"。

提示

（1）语言基本技能的训练包括如下内容。

呼吸练习：吹哨子。

舌体操：第⑧—⑦节。

唱音练习：反复练习长音 lu—lu—与短音 lu、lu、lu。

拟声练习：学青蛙叫。

（2）结合课文中的画面，让聋幼儿整体读出音节："月亮"。进而，教 üe 的发音。üe 是复韵母，发 üe 时，先是唇拢圆噘起，舌头前伸抬高，发出轻短的 ü 音，接着唇形逐渐放开，舌位降到半低，发出响而长的 üe 音．不要使聋幼儿将 üe 音说成 ü、e 两个单韵母。

（3）借助图，启发聋幼儿说出课文中的2句话。

9　ui

要求

（1）初步掌握复韵母 ui 的发音、口形、指式及与 ui 相拼的音节。结合音节学发四声。

（2）学说词语（工人、叔叔、推车、排队、堆雪人）及4句话。

（3）认读："工人"、"排队"。

提示

（1）语言基本技能的训练包括如下内容。

呼吸练习：深吸气、呼气。

舌体操：第①—⑦节。

唱音练习：快、慢交替练习 dui、dui、dui。

拟声练习：模仿打电话的问话声。

（2）结合课文中的画面及演示动作，引导聋幼儿整体读出音节："推"。进而，教 ui 的发音。ui 音是复韵母，发音时，先是舌位抬至后高，唇圆形，发出轻短的 u，ui 的发音动作跟 ei 差不多，这个韵母随着声调、声母的不同，中间的 e 有轻微的变化。uei 前拼声母时，写成 ui. 如：gui（归）；不要让聋幼儿将 ui 音说成 u、i 两个单韵母。

（3）借助课文画面及演示动作，引导聋幼儿说出课文中的词和句。

10　iao

要求

（1）初步掌握复韵母 iao 的发音、口形、指式以及与 iao 相拼的音节，结合音节学发四声。

（2）学说词语（叼、老鼠、小羊、小猫、钓鱼）及句子。

（3）认读："小羊"、"小猫"。

（4）可辨听小狗、小羊的叫声。

提示

（1）语言基本技能的训练包括如下内容。

呼吸练习：深吸气、呼气。

舌体操：第③—⑦节。

唱音练习：快慢交替练习 ao、ao、ao、uo、uo、uo 的发音。

拟声练习：模仿小猫叫，小狗叫。

（2）借助课文中的画面及演示动作，引导聋幼儿整体读出音节："叼"。进而，教 iao 的发音。iao 是复韵母，发这个韵母时，会发 ao 的，自然就会发 iao，只要在 ao 前加一段由 i 到 a 的发音动程就是了。

（3）结合课文中的画面，模仿课文中的句式说话。

（4）在教学过程中，要注意充分利用聋幼儿的残余听力。

11　iu

要求

（1）初步掌握复韵母 iu 的发音、口形、指式以及与 iu 相拼的音节，结合音节学发四声。

（2）学说词语（踢足球、拍皮球、拿气球）及句子。

（3）认读："气球"、"皮球"、"足球"。

（4）仿照课文中"谁做什么"的句式说话。

（5）听（看）词语和句子。

提示

（1）语言基本技能的训练包括如下内容。

呼吸练习：吹纸蛙。

舌体操：第②—⑥节。

唱音练习：长音 i—i—u—iu—；短音 iu、iu、iu。

拟声练习：模仿小羊叫、小狗叫。

（2）借助实物，引导聋幼儿整体读音节："气球"、"皮球"、"足球"。进而，教 iu 的发音。iu 是复韵母，发 iu 音时，在 ou 韵母前加一段从 i 到 o 的发音动程就是了，这个韵母在念阴平、阳平的时候，中间 o 接近消失。不要使聋幼儿将 iu 说成 i、u 两个单韵母。

（3）演示动作，引导聋幼儿理解"叼"、"钓"的词义。

（4）仿照课文中的句式说话。

（5）在教学过程中，充分利用聋幼儿的残余听力。

12　我爱国旗

要求

（1）学说词语（这是、国旗、我、爱）及句子。

（2）认读："国旗"。

（3）仿照课文中"我爱什么（谁）"的句式学说话。

（4）听（看）话："我爱国旗。"

（5）渗透爱国旗的教育。

提示

（1）借助实物、图片引导聋幼儿认识什么样的旗是国旗。

（2）结合句子，引导聋幼儿理解"爱"的含义。

（3）让聋幼儿用"爱"说几句话。

13　这是什么　怎样叫

要求

（1）学说词语（小狗、汪汪叫、小羊、咩咩叫、小猫、喵喵叫、青蛙、呱呱叫）及句子。

（2）认读："小狗"、"青蛙"。

（3）辨听不同动物的声音。

提示

借助玩具、图片认识课文中小动物的名称并模仿它们的叫声。

14　这是什么　发出什么声

要求

（1）学说词语（飞机、嗡嗡嗡、呜呜呜、

嘀嘀嘀、听）及句子。

（2）认读："飞机"、"听"。

（3）辨听不同交通工具的声音。

提示

（1）结合演示动作理解"听"的含义。

（2）用"听"说几句话。

15　衣服

要求

（1）学说词语（背心、毛衣、裤子、棉袄、穿）及句子。

（2）认读："背心"、"毛衣"、"裤子"、"穿"。

（3）听（看）说课文中的词语和句子。

（4）进一步掌握"谁做什么"的句式。

（5）看课文画面说话。

提示

（1）结合演示动作理解"穿"的含义。

（2）用"穿"说几句话。

16　五六七

要求

（1）学说词语（五、六、七，第一、第二、第三）。

（2）认读："五"、"六"、"七"。

（3）辨听（看）数词、序数词。

提示

（1）准备多种教具，认识同一个数。如：5个苹果、5个梨等。

（2）设置情境，引导聋幼儿理解"第一"、"第二"、"第三"的词义。

17　关水龙头

要求

（1）学说词语（水龙头、滴水了、关）及句子。

（2）认读："水龙头"、"关"。

（3）仿照课文中"什么怎样了"的句式学说话。

（4）听（看）课文中的词语和句子。

（5）知道节约用水。

提示

（1）利用观察和演示动作，理解"滴"、"关"两词的含义。

（2）学习本课后，要求聋幼儿仿照本课句式说出"玩具坏了"、"小红关门"等句子。

18　国庆节

要求

（1）学说词语（十月一日、国庆节）

（2）认读："国庆节"。

（3）听（看）课文中词语和句子。

（4）知道爱祖国。

提示

（1）本课内容，建议在"十月一日"前夕讲授。

（2）结合演示动作理解"挂"的含义。

（3）用"挂"说几句话。

19 捉迷藏

要求

（1）学说词语（树前、树后、屋里、屋外）及句子。

（2）认读："里"、"外"、"前"、"后"。

（3）仿照课文中"什么（谁）在哪里"的句式说话。

（4）听（看）课文中的词语和句子。

提示

（1）设置情境，引导聋幼儿理解反义词（前、后、里、外）的含义。

（2）玩捉迷藏的游戏，仿照课文中的句式说话如："小明在屋里"、"小芳在屋外"等。

20 夏天

要求

（1）学说词语（夏天、天气、热了、来了）及句子。

（2）认读："热了"、"来了"。

（3）仿照课文中"谁做什么"的句式学说话。

（4）听（看）课文中的句子"哥哥、姐姐游泳。"

提示

（1）本课应结合季节讲授。

（2）学习本课后，要求聋幼儿用"游泳"一词说话。

21 我自己做

要求

（1）学说词语（自己、吃饭、洗、系鞋带）及句子。

（2）认读："洗"、"吃饭"、"系"。

（3）初步学习用"我自己做什么"的句式说话。

（4）听（看）课文中的句子。

（5）知道自己的事，要学着自己做。

提示

设置情境，引导聋幼儿说"我自己做什么"、"某某自己做什么。"

22 爱劳动

要求

（1）学说词语（姐姐、一起、打扫、房间）及句子。

（2）认读："姐姐"、"一起"、"打扫"。

（3）初步学用"谁和谁做什么"的句式说话。

（4）知道在家里要干力所能及的事。

（5）听（看）课文中的词语和句子。

提示

（1）借助图并演示动作，理解"打扫"、"一起"、"做饭"的词义。

（2）设置情境，仿照"谁和谁做什么"的句式说话。

（3）学习本课后，看着图初步说出一句与画面内容相关的话；如："妈妈做饭"、"我和妈妈一起去公园"等。

23 一起打伞

要求

（1）学说词语（没有、雨伞、看见了、跑过来、打伞）及句子。

（2）认读："没有"、"雨伞"、"打伞"。

（3）学习用"谁和谁一起做什么"的句式说话。

（4）听（看）课文中的词语和句子。

（5）看课文中的画面说话。

（6）逐步教给聋幼儿助人为乐的好品德。

提示

（1）借助实物、图片、演示动作引导聋幼儿理解区分词义如："雨伞"、"打伞"、"跑"、"跑过来"。

（2）设置情境，学用"谁和谁一起做什么"的句式说话。

24 一起玩

要求

（1）学说词语（拍皮球、玩、好吗？好吧！他们）及句子。

（2）认读："拍皮球"。

（3）初步学习疑问句："我们一起玩好吗？"

（4）听（看）课文中的词语和句子。

（5）知道和小朋友要友好相处。

提示

（1）借助课文中的画面，引导聋幼儿理解句意。

（2）设置情境，引导聋幼儿练习对话。

（3）学习课文后，要求聋幼儿仿照画面的句式练习问话。

25　他们在干什么

要求

（1）认读词语：小朋友、跑步、下棋、跳高跳远。

（2）进一步掌握"谁在做什么"的句式。

（3）听（看）课文中的4句话。

（4）看课文画面说一句话。

提示

（1）借助实物、演示动作引导聋幼儿理解"棋"、"下棋"的词义。

（2）设置情境，引导聋幼儿用"谁在做什么"、"谁和谁在一起做什么"的句式说话。

26　不要摘花

要求

（1）学说词语（春天、公园里、弟弟）及句子。

（2）认读："弟弟"、"公园"。

（3）听（看）课文中的词和句子。

（4）让聋幼儿知道应该爱护花木。

提示

（1）借助画面、演示动作引导聋幼儿理解："春天"、"公园"、"花开了"、"摘"、"不要摘"的词义。

（2）用"摘"说几句话。

（3）学习课文后，引导聋幼儿看图说话。

27　分苹果

要求

（1）学说词语（分、苹果、把、给）及句子。

（2）认读："把"、"苹果"。

（3）初步学习"把"字句。

（4）听（看）课文中的词和句。

（5）知道尊敬老人。

提示

（1）借助图、演示动作引导聋幼儿理解"分"、"给"的词义。

（2）借助图、演示动作引导聋幼儿理解"谁把什么给谁"的句式。

（3）初步学用"谁把什么给谁"的句式说话。

（4）看课文中画面说话。

28　一条围巾

要求

（1）学说词语（幼儿园、捡起、围巾、交给老师、表扬）及句子。

（2）认读："老师"、"表扬"、"他"。

（3）进一步学习用"把"字句说话。

（4）听（看）课文中的词语和句子。

（5）教给聋幼儿拾金不昧的好品德。

提示

（1）借助实物认读"围巾"，理解"一条"的词义。

（2）结合演示动作理解"捡"、"交给"的词义。

（3）用"捡"说几句话。

（4）进一步学用"谁把什么交给谁"的句式说话。

（5）看课文中的画面，讲述图意。

29 搭积木

要求

（1）学说词语（搭房子、搭桥、少了、一块、谢谢、不用谢）及句子。

（2）认读："谢谢"、"不用谢"。

（3）听（看）课文中的词语和句子。

（4）用"谁做什么"、"谁把什么给谁"的句式说话。

（5）知道小朋友要互助友爱。

提示

（1）借助图、实物演示动作理解"搭"、"房子"、"一块"的词义。

（2）设置情境，引导聋幼儿理解课文中的句意。

（3）结合演示动作，说出"谁把什么给谁"的句子。

（4）结合课文，玩游戏。

30 去动物园

要求

（1）学说词语（去动物园、玩球、吃竹叶、摇铃）及句子。

（2）认读："动物园"、"竹叶"、"摇铃"。

（3）进一步用"谁做什么"的句式练习说话。

（4）听（看）课文中的词语和句子。

提示

（1）借助实物、演示动作理解"摇"的词义。

（2）引导聋幼儿模仿课文说说自己在动物园里看到的动物。

31 不掉饭粒

要求

（1）学说词语（饭粒、掉、粘、嘴上、不掉）及句子。

（2）认读："掉"、"粘"。

（3）听（看）课文中的词和句。

（4）知道爱惜粮食。

提示

（1）借助实物，引导聋幼儿理解"饭粒"、"粘"的词义。

（2）结合演示动作理解"掉"、"不掉"的词义。

（3）借助画面，引导聋幼儿理解句意。

（4）学了本课以后，引导聋幼儿说出"我吃饭不掉饭粒。"

32　我的家

要求

（1）学说词语（六岁、住在、街、五号、爸爸）及句子。

（2）认读："爸爸"、"六岁"。

（3）仿照课文内容练习对话。

（4）听（看）课文中的词语和句子。

提示

（1）请聋幼儿家长配合，交一张聋幼儿与父母的合影照片。

（2）请家长按课文中的内容，写出自己家里的情况交给老师，以供教聋幼儿练习说话。

33　扶起来

要求

（1）学说词语："摔倒了"、"跑去"、"扶起"、"谢谢"。

（2）认读："摔倒了"、"扶起"。

（3）听（看）课文中的词语和句子。

（4）看图说话。

（5）逐步培养聋幼儿助人为乐的好品德。

提示

（1）借助演示动作，引导聋幼儿理解："摔倒了"、"向"、"跑去"、"扶起"的词义。

（2）设置情境，引导聋幼儿理解句意。

34　运动会

要求

（1）学说词语（小动物、树林里、开运动会、小鹿、裁判、熊猫）及句子。

（2）认读："运动会"、"熊猫"。

（3）听（看）课文中的词语和句子。

（4）初步练习看图讲述小故事。

提示

（1）本课教材使用插入教具，先出示背景，再根据讲述内容，逐一出示角色。

（2）讲述后玩游戏，引导聋幼儿在游戏中

理解词语和句子。

35 小猫在哪里

要求

（1）学说词语（床上，椅子下、床底下、篮子里、抽屉里）及句子。

（2）认读："床"、"椅子"。

（3）进一步练习"什么（谁）在哪里"的句式。

（4）听（看）课文中的词语和句子。

提示

（1）结合实物、图片理解词语。

（2）采用图片插入教具的形式，先出背景图再根据讲述内容，逐出示小猫所去的地方。

（3）讲述后，给聋幼儿戴上小猫的头饰，玩小猫在哪里的游戏。在游戏中，学说话。

（附：听力练习原文——小猫在哪里）
小猫在哪里

猫妈妈生了许多小猫。

有一天，猫妈妈出去了，小猫都爬出草窝去玩。猫妈妈回来一看，小猫没有了。猫妈妈就："喵、喵、喵"地叫："小猫在哪里？"这些小猫有的在床上，有的在椅子下，有的在床底下，有的在篮子里，还有的在抽屉里。小猫听到妈妈在叫它们，都高高兴兴地回到了猫妈妈的身边。

36 做早操

要求

（1）认读词语（咪咪笑、早操、天天、身体）。

（2）听（看）课文中的词语和句子。

（3）有表情地朗读，并能背诵。

提示

（1）借助课文中的画面，引导聋幼儿理解儿歌的含义。

（2）引导聋幼儿学儿歌，并注意纠正读音。

37 洗手 洗脸

要求

（1）学说词语（脏手、脏脸、照镜子、皱眉头、样子、丑）。

（2）认读："脏"、"丑"。

（3）听（看）儿歌中词语和句子。

（4）有表情地朗读，并能背诵。

（5）培养聋幼儿注意讲卫生的好习惯。

提示

（1）借助课文中的画面、演示动作，引导

聋幼儿理解词义。

(2) 有表情地朗读,并能背诵。纠正读音。

38　扫树叶

要求

(1) 学说词语(秋天、天气凉、树叶黄、片片、落地上)及句子。

(2) 认读:"秋天"、"树叶"、"凉"。

(3) 听(看)儿歌中的词语和句子。

(4) 理解儿歌的含义,并背诵。

提示

(1) 这首儿歌要结合季节来学。

(2) 有表情地朗读,纠正读音。

39　老师本领大

要求

(1) 认读词语:"老师"、"本领"、"画"。

(2) 听(看)儿歌中的词语和句子。

(3) 有表情地朗读,并能背诵。

(4) 教育聋幼儿尊敬老师、爱老师。

提示

(1) 借助图,引导聋幼儿理解儿歌的含义。

(2) 有表情地朗读,纠正读音。

40　小转椅

要求

(1) 认读词语:"转椅"。

(2) 理解:"转"的含义。

(3) 有表情地朗读,并能背诵儿歌。

提示

带领聋幼儿在游戏中学说儿歌。

41—46　练习部分

本册练习的内容,是在聋幼儿学习训练课的基础上选编的,共6个练习课。

练习中的新知识,不作为讲课要求,只是为了巩固已学的知识,激发兴趣,启发思维。

对练习中的内容,每课均有不同的要求。《这里有什么》这课中,要求聋幼儿看图说话,如说:"天上有什么"、"地上有什么"、"海上有什么"。《它们叫什么》这课中,要求聋幼儿能正确地辨认出不同动物的名称。《这是什么》和《看图连线并说话》这两课的要求也是如此。《盘中能放什么》这个练习课是智商练习。

本册所选的练习内容,可针对各地聋幼儿语训教育的实际情况灵活选用。

附录 I　发音器官图

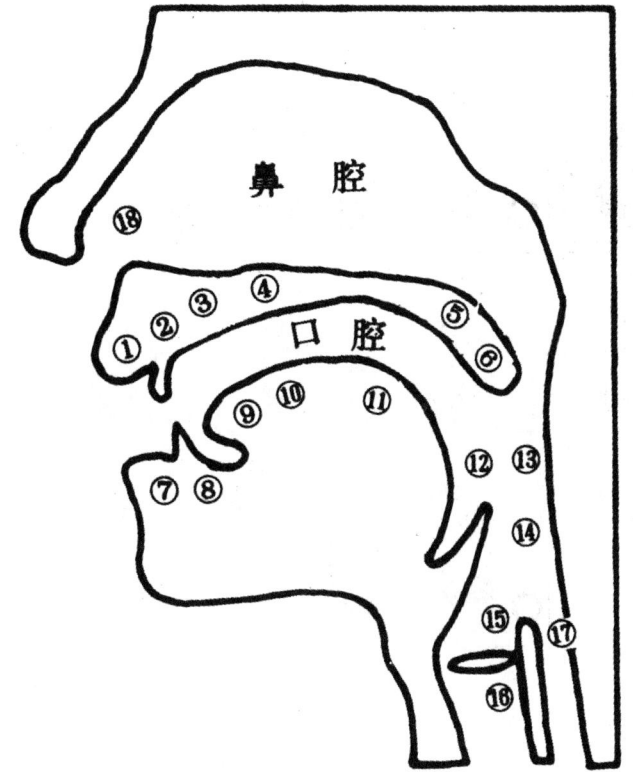

1. 上唇　2. 上齿　3. 牙床
4. 硬腭　5. 软腭　6. 小舌
7. 下唇　8. 下齿　9. 舌尖
10. 舌面　11. 舌根　12. 咽头
13. 咽壁　14. 会厌　15. 声带
16. 气管　17. 食道　18. 鼻孔

附录 II 汉语手指字母图

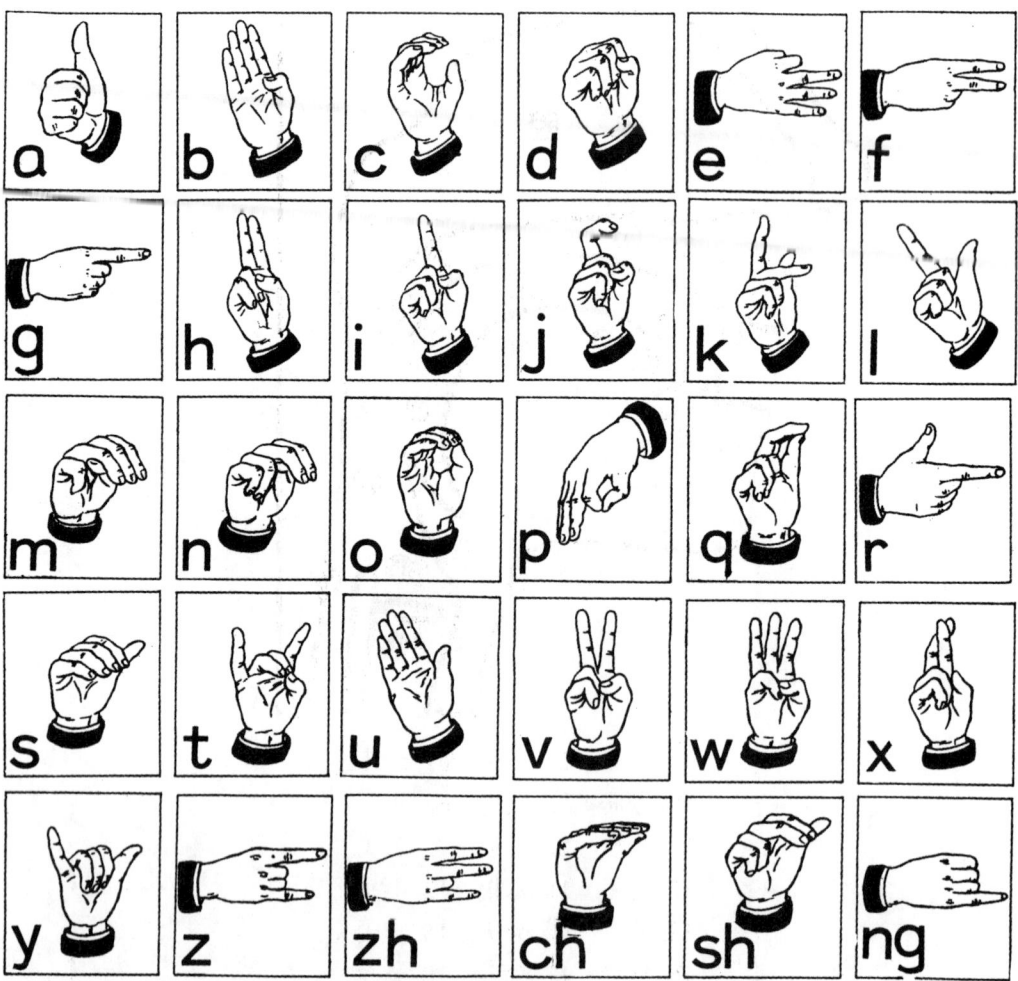

主编 朴永馨
编者 蓝荫凤
绘画 亢佐田　王如何　牛林森
　　　任晓军　汪伊虹　繁　星

图书在版编目(CIP)数据

学说话.3/全国三项康复工作办公室编. —北京:华夏出版社,2011.4(2022.4重印)
聋幼儿听力语言训练教材
ISBN 978-7-5080-6423-9

Ⅰ.①学…　Ⅱ.①全…　Ⅲ.①听力障碍-儿童-语言-教育康复-教材　Ⅳ.①G762.4

中国版本图书馆CIP数据核字(2011)第053066号

聋幼儿听力语言训练教材(试用本)
学　说　话(第三册)
全国三项康复工作办公室　组编

*

华夏出版社有限公司出版发行
(北京东直门外香河园北里4号　邮编:100028)
新　华　书　店　经　销
北京汇林印务有限公司印刷
北京汇林印务有限公司装订

*

787×1092　1/24开本　3.5印张
2011年4月北京第1版　2022年4月北京第10次印刷
定价:9.00元

本版图书凡印刷装订错误可及时向我社发行部调换